I0818639

Le Palestinien
et
l'extraterrestre

Philippe Pfeiffer

Le Palestinien et l'extraterrestre

une histoire

Contact : phpfeiffer@laposte.net

ISBN : 9798301679629
Dépôt légal : décembre 2024.

La tragédie palestinienne ne concerne pas que ce peuple,
elle illustre la lâcheté des puissants,
l'absence de morale internationale,
la ruse de l'Histoire.
Tahar Bekri.

Je dédie ce livre à la mémoire
de toutes les victimes innocentes de la guerre.

Le Palestinien et l'extraterrestre

Assis sur un rocher, Mounir regardait le ciel étoilé de la Palestine. Voir ces milliers d'étoiles briller dans les ténèbres le remplissait d'une joie intense. Ce symbole lui redonnait un peu d'espoir. Il en avait bien besoin et pensait que les souffrances de son peuple cesseraient bientôt. Le garçon se disait qu'Allah était grand et puissant, créateur de tant de merveilles. Allah ne pouvait abandonner les siens. L'immensité de l'univers ne l'effrayait pas, mais, au contraire, le réconfortait. Lorsqu'il avait le cœur gros, Mounir passait souvent les nuits d'été à observer le ciel, persuadé que de là viendrait son salut.

Il baissa la tête. Alors ses yeux rencontrèrent l'enfer.

Mounir habitait à Yasnarat, un petit village en Cisjordanie, ou plutôt ce qu'il en restait. Autrefois, on entendait une quantité étonnante de bruits : les cris des enfants qui s'amusent devant les portes des habitations, les discussions animées entre voisins, les mères préparant les repas, les moutons qui bêlent ou les chiens qui aboient, les voitures roulant bruyamment sur le gravier. Hélas, depuis que les bulldozers israéliens étaient passés pour raser les maisons, le silence devenait roi. Les nombreuses odeurs, comme celles du café, du thé au gingembre ou du narguilé, manquaient également. La vie semblait avoir déserté le village.

Yasnarat laissait place à un grand vide. Les terrains, jonchés de monticules de briques, ne tarderaient pas à être occupés par les nouvelles constructions des colons. Il ne restait plus que trois maisons debout, dont celle des parents de Mounir. Toutes les autres avaient été méthodiquement démolies sous l'œil vigilant des militaires. Les villageois avaient bien sûr protesté contre l'envahisseur, mais ils furent repoussés sans ménagement par l'armée israélienne. Hassan et son fils Ali, tous deux activistes, avaient été arrêtés par la police et croupissaient dans les geôles de la prison de haute sécurité de Noman[1], tandis que le cousin de Mounir, Ismaïl, perdit la vie parce qu'un soldat très nerveux avait tiré une rafale de mitraillette dans son ventre. Les balles avaient transpercé les viscères et touché la colonne vertébrale. Faire face aux soldats qui obéissaient aveuglément aux extrémistes du gouvernement israélien ou résister à l'occupant pouvait coûter la vie ! Le rapport de force était on ne peut plus inégal.

Mounir savait que ce qui était arrivé aux voisins leur arriverait également. Tôt ou tard, les bulldozers

---

1 Jeu de mots...

israéliens feraient à nouveau leur apparition sur la crête de la colline pour se diriger droit sur les maisons restantes et les démolir, sans état d'âme ni la moindre pitié de la part des exécutants de cette abomination. C'était inévitable. Le destin en ce bas monde est bien cruel. Comme toutes les autres familles palestiniennes, la famille de Mounir serait obligée de fuir, d'aller dans un camp de réfugiés ou dans une grande ville. Qu'avaient-elles fait pour subir ce triste sort ? Rien, absolument rien ! Toutes les familles palestiniennes habitaient depuis des générations sur ces terres, elles leur appartenaient de plein droit. Les Israéliens ne se privaient pas de spolier les habitants de Yasnarat et de tant d'autres villages palestiniens. Ils répétaient ce dont leurs aïeux furent victimes durant la période de la deuxième guerre mondiale, et se comportaient avec les Palestiniens comme les bourreaux nazis s'étaient comportés avec les Juifs d'Europe. L'homme est un loup pour l'homme. En l'état actuel des choses, il est probable qu'il le restera malheureusement pour longtemps encore. L'être humain n'apprend rien de l'Histoire, il répète sans arrêt les mêmes erreurs. Les innocents et les peuples étaient les victimes des décisions iniques prises par les puissants du monde entier. Les expropriations continuaient de plus belle sous l'indifférence de la communauté internationale qui, de ce fait, se rendait complice, alors que l'État palestinien avait lui aussi le droit d'être libre. Mounir n'oubliait pas que son village subissait souvent des attaques de la part de colons israéliens armés et déterminés à chasser les Palestiniens. Les colons s'étaient introduits plusieurs fois dans Yasnarat au crépuscule pour provoquer les habitants, et cela s'était inévitablement terminé par des affrontements violents. Bien sûr, il y eut plusieurs morts. Lors de ces tragiques épisodes, Mounir perdit son meilleur ami, Kahlil, celui avec lequel il parlait souvent de la situation de leur pays. De vivre constamment dans l'angoisse et la peur de perdre la maison, les terres et même la vie, d'avoir cette épée de Damoclès suspendue en permanence au-dessus de la tête, mettait les nerfs de toute la population palestinienne à rude épreuve, hommes, femmes comme enfants. Que faire ? Mounir était tout à fait conscient que le peuple palestinien ne faisait qu'endurer depuis bien trop longtemps la tyrannie de l'État israélien. L'impuissance à renverser les supplices subis rendait même fou. On pouvait vraiment dire que David se bat contre Goliath ; cela, les Juifs devraient pourtant bien le comprendre, n'est-ce pas ? Peut-être qu'un jour les faibles deviendront forts, peut-être qu'un jour les opprimés retrouveront ce qui leur appartient, peut-être qu'un jour les Palestiniens redeviendront des êtres humains libres, libres de vivre comme ils l'entendaient sur la terre de leur ancêtres, libres d'aller où bon leur semblait.

Mounir était né il y a seize ans à Yasnarat. Depuis ce jour, il n'avait vu que conflits, morts, désespoir et lamentations. Son peuple ne demandait qu'à vivre en paix sur ses terres. Le garçon pensait souvent à cette métaphore : si une personne jetait une pierre dans un étang, des cercles se formaient à la surface de l'eau pour s'éloigner de plus en plus du point d'impact et toucher finalement les bords. Lorsqu'un être humain appelle au secours, cela devrait être la même chose. Il ne s'agissait pas d'un rêve, mais bel et bien de la réalité. Comme tant d'autres peuples opprimés sur cette Terre, les Palestiniens appelaient au secours. Ils réclamaient justice ! Leurs appels au secours devraient toucher tous les êtres humains bienveillants de la planète.

Tout en pensant à ce que son peuple vivait ici-bas par la faute du gouvernement sioniste et fasciste, Mounir observait toujours les étoiles avec mélancolie. Le sort de la Palestine le préoccupait à chaque instant, qu'il fasse jour ou nuit. Le garçon faisait fréquemment des cauchemars. Au milieu de la nuit, il se réveillait en sursaut, couvert de sueur. Chaque heure passée dans cet enfer le rendait terriblement angoissé. La catastrophe suspendue au-dessus de la tête de ses frères ne provoquait que tension et tristesse dans son cœur et celui des siens.

Soudain, Mounir vit un objet brillant se déplacer à grande vitesse dans le ciel. On aurait cru une étoile filante ! Le mystérieux objet fit une large courbe et plongea derrière une colline, comme un aéronef qui s'écrase. Il ne ressemblait ni à un missile, ou quelque chose dans ce genre, ni à un avion, mais plutôt à une soucoupe volante. La colline se trouvait à quatre kilomètres de Yasnarat. La distance entre les deux lieux n'impressionnait guère le garçon. Les soldats montant la garde ou les colons éventuellement embusqués derrière les fourrés l'inquiétaient davantage. Intrigué, Mounir se mit en route malgré les dangers. Il voulait absolument savoir ce qu'était cette boule de feu vue dans le ciel de la Palestine, même au mépris de tout bon sens et de toute prudence. Confusément, il sentait qu'il y avait au-delà de la colline une chose d'extraordinaire qui l'attirait irrésistiblement. Il prenait ce à quoi il venait d'assister pour un signe d'Allah. On ne néglige pas un signe d'Allah ! Mounir ne savait pas exactement à quoi s'attendre. Avec l'énergie du désespoir, il rassembla tout son courage, puis se mit en route vers la colline, non sans appréhension.

La marche sur le chemin conduisant au point de chute du mystérieux objet se passa sans encombre. Curieusement, cette nuit-là, il n'y avait ni soldats ni colons surveillant les parages, ce qui arrivait rarement. On aurait cru qu'une bonne étoile guidait le garçon. Mounir pensait que cette bonne étoile serait la bienvenue pour son peuple.

Il découvrit, dans un creux du terrain, un amas de tôles froissées et fondues. Des flammes sortaient par les déchirures béantes de la soucoupe volante. Une créature gisait au sol, à quelques mètres. Comment elle avait pu s'extraire de l'engin spatial relevait du mystère. Mounir s'approcha de la créature et vit qu'elle était vivante. Étonnamment, elle ressemblait en tout point à un être humain. Ses vêtements étaient déchirés à de nombreux endroits. Couverte de sang, la créature tentait de se relever avec des cris de douleur. Mounir dit :

– Attends, je vais t'aider. Donne-moi ton bras, si tu peux.

– Merci.

– As-tu quelque chose de cassé ?

– Non, je ne crois pas. J'ai de multiples blessures sur tout le corps, comme tu le constates, mais rien de grave, semble-t-il.

– Je le vois...

– C'est un miracle que je sois vivant.

– Allah est grand ! Je m'appelle Mounir.

– Enchanté, je m'appelle Ilan.

– Viens, Ilan ! Ne restons pas ici. Même si je n'ai rencontré personne en venant ici, il n'est pas impossible que les Israéliens arrivent d'un instant à l'autre. Je pense qu'ils ont certainement vu ton accident, tout comme moi. Je me suis dépêché pour arriver jusqu'à toi. J'ai été plus rapide qu'eux ! Je te ramène à la maison, ma famille soignera tes blessures. Ne t'inquiète pas. Fais-moi confiance.

– Tu es un ange.

– Non, juste un simple être humain, qui fait son devoir d'être humain.

– Mounir, c'est tout à fait à ton honneur.

Le retour prit beaucoup plus de temps, car Ilan ressentait des douleurs lancinantes dans tout le corps. Il était blessé à la tête, aux bras et aux jambes. Le choc qu'il venait de subir ralentissait les deux hommes, qui durent faire de nombreuses haltes. Mounir regardait souvent en arrière, craignant que les militaires israéliens ne les surprennent dans leur fuite et les arrêtent. Heureusement pour eux, tout paraissait d'un calme étrange, presque surnaturel.

Enfin arrivés à Yasnarat, Mounir présenta le rescapé à sa famille. Dans l'urgence de la situation, personne ne posa la moindre question à son sujet. Ilan fut accueilli comme si c'était tout à fait naturel et ordinaire d'accueillir dans sa maison un inconnu. La mère de Mounir invita Ilan à se coucher sur le canapé. Mounir le déshabilla, lava son corps, pansa ses plaies, lui donna à boire et un médicament contre la douleur. Ilan sombra dans un sommeil réparateur. Le fugitif savait qu'il était entre de bonnes mains. Il était reconnaissant à Mounir de lui avoir sauvé la vie.

Le lendemain matin, Ilan se réveilla avec néanmoins quelques maux de tête. Toute la famille était autour de lui à le regarder avec des yeux pleins de bienveillance : Mounir, sa mère Asmaa, son père Khalil, et leurs trois autres enfants, Nabila, Ayoub et Bilal. Ilan dit à son sauveur :

– Je te remercie pour ce que tu fais pour moi. Grâce à toi, je suis sain et sauf.

– Non Ilan, c'est grâce à Allah ! Les Israéliens surveillent jour et nuit les environs, excepté la nuit dernière – pourquoi, je n'en sais rien.

– La providence...

– Tu sais, ils ont la gâchette facile.

– Je m'en doute.

– Ilan, je me pose beaucoup de questions sur toi.

– Je te répondrai avec honnêteté et sincérité.

– Comment se fait-il que tu parles aussi bien l'arabe ?

– J'ai fait de nombreuses études. Je sais parler vingt langues.

– Wouah ! Ilan, tu as un prénom juif... Dis-moi, es-tu juif ?

– Évidemment ! Oui, je suis juif, répondit Ilan du bout des lèvres...

– Mais d'où viens-tu ? Que faisais-tu dans cette... soucoupe volante?

– N'aie pas peur de le dire, il s'agit bien d'un engin spatial. Je me suis échappé d'une planète éloignée, New-Israël. Le pouvoir juif s'est répandu dans toute la galaxie. La tyrannie des Juifs contrôle absolument tout, d'un bout à l'autre de la voie lactée. Malgré ma position dominante dans la hiérarchie du pouvoir, je ne supportais plus d'être complice de cette tyrannie. J'ai bien essayé de raisonner les dirigeants. C'était peine perdue, car on ne peut raisonner les fous, surtout lorsqu'ils détiennent le pouvoir. Devenu un dissident parmi les miens et un traître à leurs yeux, j'ai été obligé de fuir. Je voulais me réfugier sur une autre planète, appelée Shalom, mot hébreu qui veut dire paix, un des derniers endroits épargnés par la dictature et l'emprise juive sur l'univers, mais certainement plus pour longtemps.

– Shalom ? Paix ? Les Juifs ont le sens du cynisme...

– Oui, on appelle cela la Chutzpah, autrement dit, le culot juif...

– La paix est toujours pour le peuple juif, jamais pour les autres peuples.

– Oui, tu as parfaitement raison.

– Mais pourquoi n'as-tu pas atterri sur Shalom ?

– Des problèmes techniques ont provoqué une distorsion spatio-temporelle dans laquelle mon vaisseau spatial fut entraîné. Non seulement je viens d'une autre planète, mais également d'un futur lointain.

– Sais-tu où tu as échoué ?

– Oui, en Palestine, au vingt-et-unième siècle...

– Tu es tombé au mauvais endroit, au mauvais moment.

– Hélas !

– Donc, tu es au courant de ce qu'endure mon peuple ?

– Oui, bien sûr ! Comme je le disais, j'ai fait de nombreuses études. Je connais parfaitement l'Histoire des trente derniers siècles.

– Ah !

– J'ai fui New-Israël pour une bonne raison, celle que je viens d'évoquer : la dictature ! Ce que le gouvernement israélien actuel fait subir à votre peuple est ignoble, inadmissible, inhumain, d'autant que dans l'Histoire, nous, les Juifs, avons subi les mêmes atrocités. Dans leur arrogance, ils croient qu'ils sont les seuls à avoir été victimes d'un génocide et tirent parti de ce fait. Par conséquent, ils pensent avoir tous les droits et se sentent forts. Je constate que nous ne faisons que répéter la barbarie. J'ai simplement honte d'être juif. L'esprit d'expansion de mes soi-disant « frères » me dégoûte. L'humanité est désespérante et affligeante. Dix siècles en avant, ou dix siècles en arrière, le mal est toujours là ; il traverse irrémédiablement les âges. Si la civilisation sert à éliminer des populations entières, elle ne vaut absolument rien ! Les Anglais ont une large responsabilité dans ce qui vous arrive, à vous Palestiniens, puisqu'ils se sont défaits de la Palestine qui était sous leur mandat pour donner les territoires aux Juifs. Quant à la France, que fait-elle pour les Palestiniens ? Ce pays a pourtant inventé les droits de l'homme, dont le premier article dit clairement que *les hommes naissent et demeurent libres et égaux en droits. Les distinctions sociales ne peuvent être fondées que sur l'utilité commune.*[2] Cela n'empêche pas la France d'envoyer des armes à Israël. Les Français ne maîtrisent vraiment bien que deux choses : la lâcheté et l'hypocrisie. Les Occidentaux, ces marchands de mort, possèdent tout sauf la respectabilité ! Comment puis-je encore avoir des affinités avec mon propre peuple quand les soldats de *Tsahal* donnent des coups de pied à un adolescent à terre ou tirent dans la colonne vertébrale d'une fillette, et commettent quantité d'immondes exactions ? Quand la plupart de miens laissent faire les massacres et soutiennent même les génocidaires et leur cruauté ? Quand le Talmud, ce livre qui méprise Jésus[3] et les *Goyim*[4], trouve normal d'avoir des relations sexuelles avec un enfant de trois ans[5] ?

---

2 La déclaration universelle des droits de l'homme de 1948 dit ceci : « Tous les êtres humains naissent libres et égaux en dignité et en droits. Ils sont doués de raison et de conscience et doivent agir les uns envers les autres dans un esprit de fraternité. »

3 Voir : https://michelduchaine.com/2014/02/12/20-extraits-choquants-du-talmud-18-livre-saint-des-sionistes-disrael-ce-nest-pas-la-torah-des-vrais-juifs/ [consulté le 28.11.2024 à 21h32] : les points 2 et 4.

4 *Ibid.* : les points 7, 8, 10-13 et 15-19 [consulté le même jour à la même heure].

5 *Ibid.* : point 1 « Il est autorisé d'avoir des rapports sexuels avec une fille de trois ans et un jour », *Sanhedrin* 55b. Voir également point 3 sur le même site : « Il est permis de divorcer avec votre femme si vous voyez une plus jolie fille-vierge et attirante, même si elle n'est âgée

– Vous dites que vous êtes « le peuple élu »...

– Tous les peuples sont élus.

– Oui, par Allah !

– Non, pas le mien. Le mien est élu par Seth, Moloch, Yahvé, Satan. Peu importe quel nom on lui donne. C'est la même entité démoniaque, celle qui ne fait que du mal à l'humanité entière, y compris au peuple juif lui-même, qui s'est trompé. Il a choisi le mauvais dieu, un dieu abject et plein de haine.

– J'espère que la sagesse, la bienveillance, le respect entre les peuples triompheront un jour. L'amour est plus fort que tout. Les cultures ne doivent pas se combattre, mais s'unir pour le bien de l'humanité.

– Mounir, tu es une personne pleine de courage. J'aime ton idéalisme, ta grandeur d'âme et ta vérité. Je t'admire. Je vais t'aider à réaliser ton rêve.

– Comment ? À toi tout seul, la tâche sera difficile. La situation des Palestiniens est désespérée. Mais si personne ne fait rien, mon peuple disparaîtra sous les yeux de l'Occident complice.

– Fais-moi confiance. Je ferai tout mon possible. J'ai des ressources insoupçonnées. Tu verras... Laisse-moi le temps de récupérer des suites de mon accident intersidéral.

---

que de 3 ans », *Gittin* 91a [consulté le même jour à la même heure].

– Malheureusement, du temps, il ne nous en reste plus beaucoup à nous Palestiniens !

– Mounir, je te promets que votre situation changera bientôt. Je crois que si la main d'HaShem[6] a guidé mon crash ici, sur la terre de Palestine, ce n'est pas pour rien...

– J'espère que tu as raison.

– Ton hospitalité et ta bienveillance sont un signe. Je te remercie pour tout ce que tu as fait pour moi. Sans toi, je serais peut-être mort à l'heure actuelle, achevé par mes propres « frères ».

Mounir et Ilan se donnèrent la main. Une amitié sincère était née entre les deux hommes, en dépit des siècles et des distances qui les avaient jusqu'alors séparés. La volonté de rester humains les unissait.

Les blessures d'Ilan guérirent assez rapidement grâce aux bons soins de Mounir, mais aussi grâce aux conseils avisés d'Asmaa. Le rescapé faisait dorénavant partie de la famille, comme s'il en avait toujours été membre. Ilan racontait des tas d'histoires aux enfants qui l'écoutaient émerveillés. Étant donné qu'il venait de loin, Ilan avait beaucoup de choses à leur raconter.

Mais un jour, le pire arriva. Les bulldozers étaient à nouveau aux portes de Yasnarat, prêts à raser les

---

6 HaShem est pour les Juifs un euphémisme pour ne pas prononcer le nom de Dieu.

maisons qui restaient. Les Israéliens n'avaient même pas averti les habitants. Dans la précipitation et sous la menace des armes, les villageois rassemblèrent ce qu'ils pouvaient de leurs affaires : armoires, chaises, tables, réfrigérateurs, gazinières, lits, et même poules et moutons... Malgré les pleurs et les protestations des hommes, autant que des femmes et des enfants, les sbires du gouvernement israélien détruisirent tout sur leur passage. Il ne restait de Yasnarat plus que ruines et désolation. Le village avait été totalement anéanti, même l'école n'existait plus. Quant au point d'eau, il avait été obstrué avec une coulée de béton ; les conduites d'eau furent saccagées et sciées en deux. Ilan dit à Mounir :

– Encore une fois, j'ai honte. J'ai tellement honte de ce que mes propres frères font à ta famille ainsi qu'aux autres familles. C'est monstrueux, il n'y a pas d'autre mot.

– Les Israéliens nous prennent pour des animaux. Ils nous traitent comme des animaux. Je crois qu'ils traitent mieux leurs animaux de compagnie que les Palestiniens. Ils ont plus d'affection pour les rats que pour nous, et maintiennent mon peuple dans une terreur perpétuelle. Ils veulent créer le « Grand Israël », avec comme point de mire, la reconstruction de leur temple. Si on est pas d'accord avec eux, si on critique leur hégémonie, ils nous taxent d'antisémites, une accusation magique sortie du chapeau. Même prononcer le mot « juif » fait de vous un antisémite. Les Juifs sionistes ne se rendent pas compte qu'ils provoquent, par leur comportement, eux-même l'antisémitisme à travers le monde. Ils en portent toute la responsabilité. Ils bénéficient d'une aura à laquelle il ne faut surtout pas toucher et d'une protection, notamment des États-Unis, que nous, Palestiniens, n'avons pas et n'aurons jamais. Nous ne pouvons qu'en rêver. Où sont la justice, la morale et la raison dans ce monde ?

– Mounir, écoute-moi bien, cette situation ne durera pas, je te le garantis...

– Qui es-tu réellement, Ilan ?

– Un envoyé d'HaShem...

Les trois familles qui vivaient encore à Yasnarat durent fuir dans des camionnettes et des voitures surchargées. Elles se réfugièrent dans une ville appelée Manaar, située à une centaine de kilomètres du village détruit. Ilan comprenait parfaitement le désarroi de Mounir et de ses frères. Il ressentait la même détresse que toutes ces personnes spoliées de leurs biens et de leurs terres. Se mettre à la place de son prochain, n'est-ce pas la définition de l'empathie ?

Les trois familles s'entassèrent dans un immeuble où vivaient déjà beaucoup de réfugiés venus d'autres villages détruits en Cisjordanie. Une nuit, l'aviation israélienne bombarda Manaar, soi-disant pour éliminer les membres du Hamas, jugés être des terroristes, mais qui étaient vraiment les terroristes ? L'armée israélienne s'en fichait éperdument de faire des victimes innocentes parmi la population palestinienne, en contradiction avec toutes les conventions internationales sur la guerre. Les soldats tuaient indifféremment enfants, femmes et personnes âgées. Ils appelaient cela hypocritement les dommages collatéraux. Il fallait plutôt appeler cela crimes de guerre ou crimes contre l'humanité. Personne ne déniait à Israël le droit de se défendre, mais commettre un génocide, n'est plus se défendre.

La famille de Mounir réchappa miraculeusement au massacre, laissant derrière elle ruines et désolation, exactement comme à Yasnarat. Elle dut fuir à nouveau, vers un camp où les conditions de vie étaient très difficiles. Les mêmes choses se répétaient continuellement. À contrecœur, Ilan quitta Mounir et sa famille. Il avait des choses importantes à faire.

Ilan donna des conférences partout sur la planète, du nord au sud, de l'est à l'ouest. Il alerta toutes les instances internationales possibles et imaginables, y compris celles d'Israël. Il montra à tous les peuples de tous les continents ce qui se passait à Gaza, en Cisjordanie et même au Liban, dénonçant inlassablement ce qu'il est permis d'appeler « nettoyage ethnique ». Ilan remua ciel et terre pour la cause palestinienne avec une énergie fabuleuse. Il avait une diction très douce et une aura particulière qui attirait les foules. Son charisme en faisait un apôtre de la paix digne d'un Gandhi. De fil en aiguille, le gouvernement israélien recula sur ses projets génocidaires. Acculé, il fut contraint de changer de politique sous les menaces de la communauté internationale et même renversé par des gens plus pacifiques. Les Palestiniens obtinrent enfin reconnaissance, justice et réparation. Personne ne savait comment Ilan finançait ses nombreux déplacements à travers le monde. Pour une fois, l'argent servait à autre chose que faire la guerre. Cet homme était un envoyé de Dieu...

Mounir et sa famille retrouvèrent Yasnarat. Ils reconstruisirent leur maison et vécurent en paix.

Une nuit, assis seul sur le rocher comme à son habitude, Mounir observait les étoiles. Soudain, il aperçut une voiture s'approcher doucement de lui. Ilan était de retour ! Les deux amis célébrèrent leurs retrouvailles avec un grand enthousiasme, conscients d'être du côté du bien. Mounir dit à Ilan :

– Tu as œuvré pour la paix.

Ilan répondit :

– Non, c'est toi, en me sauvant.

Dans ce monde, rien n'était plus important que de faire son devoir d'être humain.

Remerciements

Je remercie vivement mon ami Thierry pour son aide précieuse à la relecture de ce texte et à sa mise en page, ainsi qu'à la réalisation de la couverture.

Du même auteur :

- *Peuple de France je t'aime ! – Écrits des temps de révolte.* Éditions Dédicaces, Canada, 2021.
- *Écrits de Jeunesse* – Volumes 1 et 2. Amazon, 2022.
- *La crevette psychédélique – 108 contes animaliers illustrés.* Amazon, 2022.
- *Mauvaises pensées – Florilège d'incongruités, maximes & pensées (1988 & 2022).* Amazon 2022.
- *Père indigne et autres délicatesses – 108 nouvelles délirantes.* Amazon 2023.
- *Le ballet des anges suspendus – Écrits politiques.* Amazon 2023.
- *Les enquêtes extravagantes de l'inspecteur Tancrède – 18 histoires noires et policières.* Amazon 2023.
- *Les tribulations de Théodule – 18 contes enfantins.* Amazon 2023.
- *Avant de rejoindre les étoiles – Conte fantastique.* Amazon 2023.
- *Les enquêtes extravagante de l'inspecteur Tancrède – 18 histoires noires et policières, volume 2.* Amazon 2023.
- *Sur le chemin des âmes perdues – Conte fantastique.* Amazon 2024.
- *Bye-bye les cons ! – Une histoire fantastique.* Amazon 2024.
- *L'amour est dans tous les cœurs – Conte fantastique.* Amazon 2024.
- *Transparences – Récit fantastique.* Amazon 2024.

- *Le soleil des innocents – Conte fantastique.* Amazon 2024
- *Mauvaises pensées, la suite... – Florilège d'incongruités.* Amazon 2024.
- *Tous les rêves de la Terre – Une histoire humaine.* Amazon 2024.
- *Les enquêtes extravagante de l'inspecteur Tancrède – 13 histoires noires et policières, volume 3.* Amazon 2024.
- *S.c.h.i.z.o.n.e – 13 histoires hors du commun.* Amazon 2024.
- *L'enfant, le chien et le soldat – Conte pour lecteur sensible.* Amazon 2024.
- *Tout va de travers – 13 impromptus insolites.* Amazon 2024.
- *Cruels dilemmes – 10 petits rien suivis d'une Tentation de saint Antoine.* Amazon 2024.
- *Les chants de l'amour. – Conte.* Amazon 2024.
- *Errances Pandémiques – Récits kafkaïens.* Amazon (2022), ^{2}2024.
- *La beauté des rêves – Onze histoires courtes et noires.* Amazon (1987, 2022) ^{3}2024.
- *Les sans-âmes – Conte inspiré du mythe de Faust.* Amazon 2024.
- *Confessions d'un Mort-Vivant – ou Le Tombeau des Regrets.* Amazon 2024.
- *Méchancetés – Onze histoires peu convenables.* Amazon 2024.
- *Le brouillard de Miroval – Conte fantastique.* Amazon 2024.
- *Une semaine très ordinaire dans la vie de l'inspecteur Tancrède – Nouvelle.* Amazon 2024.
- *Au fond des ténèbres – Conte fantastique.* Amazon 2024.

www.ingramcontent.com/pod-product-compliance
Lightning Source LLC
Chambersburg PA
CBHW051239250726
48656CB00003B/1025

* 9 7 9 8 3 0 1 6 7 9 6 2 9 *